Élisa au stage d'équitation

Élisa au stage d'équitation

Nina Flores
Avec les dessins de ivan & ilia

CHANTECLER

Le centre équestre

Aujourd'hui, Élisa est très nerveuse. Dans quelques minutes, elle quittera la maison pour se rendre à un centre équestre.
Papa va la conduire ; il met déjà ses bagages dans la voiture.

Maman a décidé de les accompagner.
Elle a raconté à sa fille qu'elle voulait lui dire au revoir sur place.
Élisa pense plutôt que sa maman souhaite vérifier si tout est en ordre, si la chambre est convenable, si les toilettes sont propres...

As-tu toutes tes affaires ? As-tu vérifié ta liste ?
Oui, bien sûr !

À cheval

Élisa adore les chevaux depuis toujours. Quand elle était toute petite, elle voulait déjà monter à cheval. Mais les jeunes enfants sont trop petits pour monter seuls : c'est trop dangereux. Pourtant, un jour, son papa le lui a permis. Il est, lui aussi, fou des chevaux.

Élisa serait bien restée toute la journée à cheval, mais elle a dû en descendre. Elle était inconsolable.

Heureusement, elle est grande maintenant. Elle va pouvoir apprendre à monter à cheval pendant quatre journées complètes !

En route !

Le centre équestre est situé tout près de la mer, la route sera assez longue. Une heure plus tard, son papa gare enfin la voiture.

Élisa court pour voir les chevaux. Trois d'entre eux flânent dans la prairie derrière l'écurie : le premier est brun, le second est blanc, le troisième est noir. Le cheval noir balaie l'air de sa queue comme s'il saluait la visiteuse.

Bonjour !

Des larmes

Papa décharge la voiture, puis entre dans le bâtiment. Ils vont directement dans le dortoir. La pièce est remplie de fillettes qui rangent leurs affaires tout en discutant. Élisa a l'impression qu'une boule grossit dans sa gorge.

Le moment de la séparation approche. Élisa embrasse ses parents et les serre très fort dans ses bras. Élisa est triste, elle voudrait que ses parents restent encore un peu.

Maman est particulièrement contente. Elle a vu que tout était en ordre ; elle sait que sa fille se plaira bien ici.
Papa, quant à lui, essuie une larme qui perle au coin de son œil : sa petite chérie va lui manquer !

La première leçon

La première leçon débute une demi-heure plus tard. La monitrice s'appelle Sophie. Elle connaît très bien les chevaux. Elle promet d'apprendre tout ce qu'elle sait, ou presque, aux filles.

Sophie les emmène dans les écuries. Dans chaque box, il y a un cheval. Chaque fille peut choisir celui qu'elle montera.

Pas de chance ! Élisa aurait tant voulu monter le cheval noir qui l'avait saluée. Il s'appelle Poivre ; il a une magnifique crinière. Cette fille, qui n'a pas l'air très sympathique, a été plus rapide qu'elle.
Élisa choisit Mimosa, une jument à la robe comiquement tachetée de noir et de blanc.

Le dortoir

Épuisée, Élisa s'effondre sur son lit. La journée a été longue, mais formidable. Toutes les fillettes sont gentilles, sauf Jade, la fille qui lui a pris Poivre sous le nez. Elle monte déjà drôlement bien, car elle a des chevaux chez elle. Au dortoir, elle a choisi le lit près de la fenêtre.

Élisa dort de l'autre côté de la pièce. Elle est très contente, car elle n'a pas envie de croiser trop souvent Jade. Une fille nommée Fiona dort au-dessus d'Élisa. Elles s'entendent bien ; une amitié est née !

Dors bien, Élisa.
Le lit près de la fenêtre est le plus beau. Il est pour moi, car je suis la meilleure.
Dors bien, Fiona.

Les petites corvées

Le lendemain matin, les filles apprennent à soigner les chevaux. Elles brossent leur dos et leurs flancs. Elles doivent aussi nettoyer les fers. Élisa est heureuse : elle adore s'occuper de son cheval. Elle aime surtout peigner sa crinière et sa queue.

Élisa trouve que la tresse est magnifique. Elle essaie, elle aussi, d'en faire une. Ce n'est pas difficile à réaliser. Quelques minutes plus tard, la crinière de Mimosa est ornée de quatre tresses amusantes.

Les filles vont sur la piste. Élisa est contente, car Mimosa est splendide. À chaque pas, ses tresses volent joyeusement dans les airs.

Jalouse

Élisa et Fiona se sont exercées toute la journée. Elles progressent très vite. Elles ont réussi à maîtriser rapidement le trot. Sophie encourage les deux fillettes.

Jade est restée en arrière. Pour elle, tout ne se passe pas très bien.
Poivre rechigne à lui obéir.

« Est-ce possible ? se demande Jade. Ces débutantes réussissent-elles mieux que moi ? » Elle tire sur les rênes, mais Poivre refuse d'avancer. Jade est en colère et elle frappe Poivre de sa cravache.

Une dispute au réfectoire

Ce soir-là, un silence de plomb règne dans le réfectoire. Personne n'a envie de rire à cause de la conduite de Jade.

Sophie l'a punie. Jade est de corvée à la cuisine : elle doit aider à préparer le repas et à faire la vaisselle.

En débarrassant la table d'Élisa, Jade renverse de la soupe.

Les filles commencent à se disputer. Heureusement, Sophie intervient rapidement et expédie tout le monde au lit.

Un méchant geste

Ce matin, Élisa est nerveuse.
Sophie leur a promis une surprise.
« Qu'est-ce que c'est, Sophie ? » insiste Fiona.
Sophie ne dévoile pas le secret.
Elle dit uniquement : « Vous verrez bien, nous partons. »

Un peu plus tard, les filles sont entrées dans le bois pour une promenade.
« Oh, formidable », dit Élisa tout excitée.
C'est sa première sortie. Mimosa est très calme. Élisa avance à côté de Fiona.
Soudain, Jade s'approche, puis...

Jade ! Que fais-tu ? Range cette cravache !

Le cheval s'emballe

Mimosa est effrayée par le coup de cravache. Elle s'ébroue, secoue la tête, puis se cabre. Élisa a bien de la peine à rester en selle. Jade rit et se moque d'Élisa, car elle ne maîtrise pas sa monture.

Son sourire se fige bien vite, car Poivre prend peur, lui aussi. Il rue, puis se met à galoper.

Il dépasse tous les chevaux, y compris celui de Sophie. Jade essaie vainement de calmer Poivre. Elle a si peur qu'elle décide de fermer les yeux.

L'hôpital

Jade se réveille dans un lit bizarre et dans une chambre qu'elle ne connaît pas. Tout est blanc. Son pied est dans le plâtre ! Elle a mal.
Sophie est près d'elle.

À cet instant, la porte de la chambre s'ouvre. Serait-ce sa maman qui vient la chercher ? Elle a tellement envie de rentrer à la maison !
Mais ce n'est pas sa maman ; Élisa et Fiona se tiennent dans l'embrasure de la porte.

Jade se mord la lèvre, car elle est honteuse de sa conduite. Élisa et Fiona ont cueilli des fleurs pour sa chambre. Elles lui offrent aussi des bonbons. Jade n'a pas mérité tout cela...

Le départ

Le dernier jour de stage est arrivé.
Élisa et Fiona se sont liées d'amitié avec Jade. Celle-ci était tout simplement jalouse. Mais elle a compris que cela ne servait à rien et est devenue très gentille !
Le pied de Jade est cassé. Puisqu'elle ne peut pas monter à cheval, les trois copines font un petit tour en carriole.

Pour les fillettes, la séparation est difficile. Élisa et Fiona sont devenues de très bonnes amies. Elles ont l'impression de se connaître depuis des années. Elles s'entendent aussi très bien avec Jade. Toutes trois promettent de s'écrire.

La lettre

Élisa est rentrée à la maison depuis plusieurs semaines. Ses nouvelles amies et les chevaux lui manquent beaucoup. Un matin, le facteur lui apporte une lettre.
Élisa est pressée de la lire. Des étoiles brillent dans ses yeux ! Elle se met à danser autour de la table. Maman, intriguée, la regarde.

Élisa lit la lettre à haute voix.

Le pied de Jade est guéri et le plâtre a été retiré. Pour fêter cela, elle invite Élisa et Fiona chez elle pour le week-end. Élisa ne doit pas oublier ses bottes d'équitation !